CW01475500

Spero che oggi ti accada qualcosa di straordinario

Il tuo Zen

A te che mi hai donato tutto e in-
segnato ogni cosa. Ti dedico ogni
singolo minuto, frase e pagina di
tutto questo. Ti ringrazierò sempre.
Senza di te questo non esisterebbe.
Sei la prova che, anche dietro ai
periodi difficili e bui, possono nascere grandi cose.
E questa ne è la testimonianza.

🕉

Sarei indelebili letti dei tuoi occhi,
frammenti di pensieri incompiuti e
sinfonie che si incrociano di continuo
sui binari delle nostre vite, apri
questo libro a caso....se pensieri
sterili, esitazioni, riflessioni prendono
il sopravvento su di te.... a volte basta
una frase per dare una svolta alla
giornata, quando lo aprirai lo
percepirò e in un pensiero ti penserò,
e ricorda sempre che siamo
indelebilmente collegati mentalmente
che un filo sottile...ma indistruttibile.
Anche se occupo un piccolo posto nel
tuo cuore!!
With Love Aely for Rose / 09/02/2022

A te che stai leggendo

Ti auguro di liberarti dalle vibrazioni e dai pensieri negativi e che la luce dell'amore avvolga presto il tuo cuore come merita.

IL TUO ZEN

Insegnamenti per l'autoterapia quotidiana

Spero che oggi ti accada qualcosa di straordinario

Spero che tu prenda consapevolezza
che l'unico momento straordinario
della tua vita è adesso.

Indice

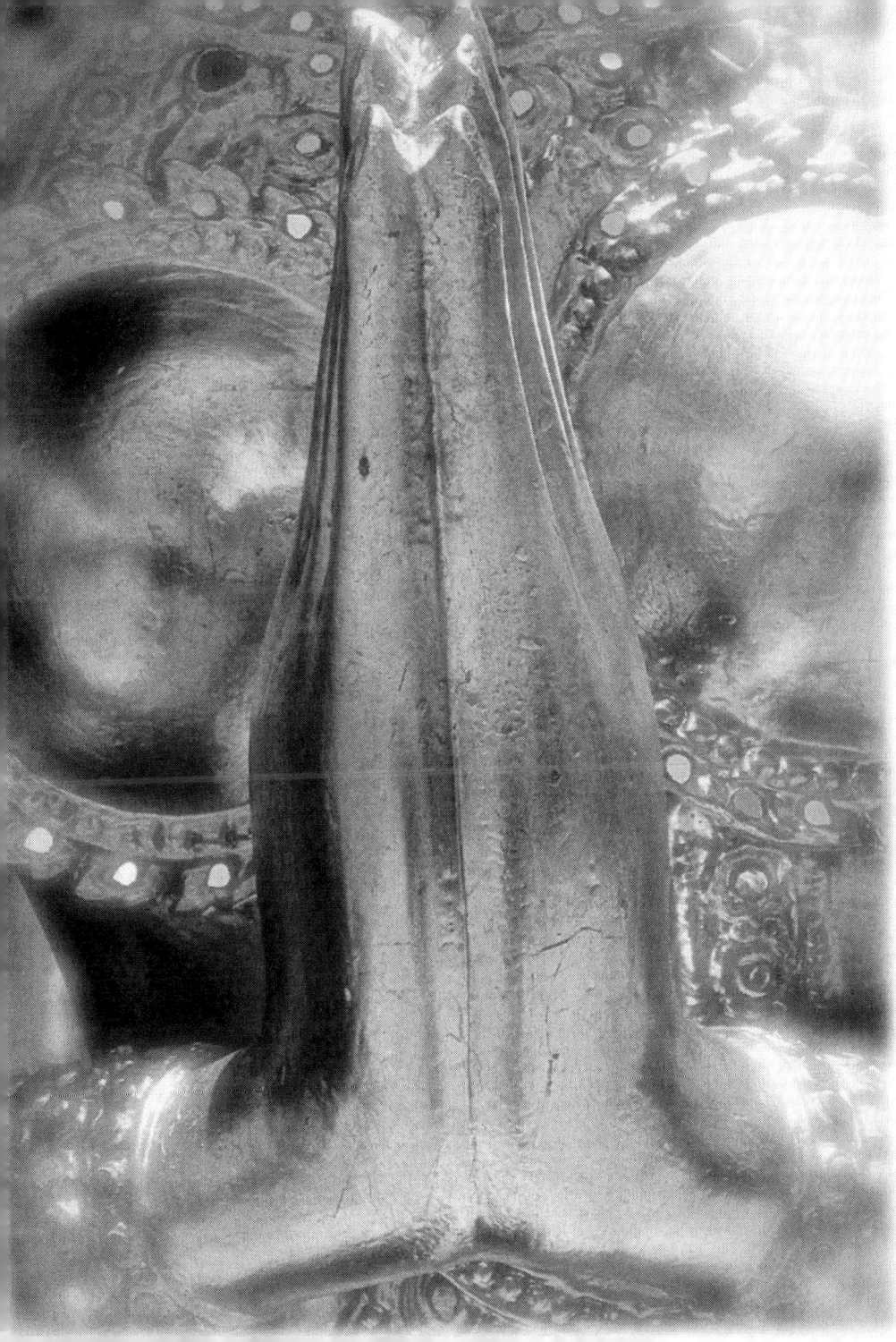

LETTERA

Quando ho iniziato questo percorso non avrei mai immaginato che ciò che sentivo dentro potesse arrivare a così tanta gente. Per anni mi sono chiesto quale fosse la maniera più efficace per infondere il mio messaggio di benessere e serenità al maggior numero di persone possibili. Ho imparato tante cose lungo il mio percorso di vita, ma la lezione che più mi è rimasta impressa è che non esiste una scelta giusta o sbagliata. Esistono solo delle scelte, delle strade che ti conducono nell'esatta posizione e nell'esatto momento in cui dovresti essere. Perché niente nella vita accade per puro caso. Ogni cosa che ti è successa ha una spiegazione ben precisa. Certo, forse non logica, ma arriverà il giorno in cui troverai le risposte anche a queste domande. Ho imparato, poi, che quando qualcuno ha un dono, non può e non deve limitarsi a tenerlo solo per sé. Deve esprimerlo e trasmetterlo agli altri, perché questa è la sola cosa che, senza sforzo né costrizione, viene naturalmente bene fare. Ed è trasmettendolo senza alcun tipo di pretesa che, inaspettatamente, si riceve in cambio il bene più prezioso e sincero di tutti: **la gratitudine**.

Il tuo Zen nasce nel 2016 con il solo scopo di esprimere ogni forma di sentimento e di sensazione che nutrivo. Nasce dal bisogno di esternare l'immane dolore che un bruttissimo e devastante periodo di vita ha inflitto al mio cuore. Ma è stato proprio grazie a quel periodo buio che sono riuscito a creare una condivisione incredibile di serenità, forza, positività e amore.

Succede un bel giorno che la mattina ti svegli e nulla è più come prima. Succede che non hai più la forza di andare avanti, di alzarti dal letto e vorresti solo piangere. Succede che ti senti talmente schiacciato dalla stanchezza che anche la cosa più banale l'avverti come un peso insostenibile. Succede che il mondo, all'improvviso, ti crolla addosso sino a metterti in ginocchio, che la tua capacità di sopportazione viene messa seriamente alla prova e che, talvolta, hai la forte tentazione di mollare tutto. Succede, però, che giorno dopo giorno cominci a capire che niente è insuperabile, che esiste una cura per ogni male e che anche le ferite più profonde possono essere rimarginate. Succede che ti accorgi della transitorietà della vita, della temporaneità di ogni cosa e inizi a vedere tutto sotto una nuova e rinnovata prospettiva. Ed è in quel preciso istante che vedi la vita per quello che è realmente: una montagna russa di emozioni che si alterna continuamente tra salite e discese, tra momenti negativi e positivi. Dolore e gioia sono due facce della stessa medaglia, sono legati indissolubilmente l'uno all'altra e la loro coesistenza serve a garantire equilibrio e armonia al Tutto. Acquisire questa consapevolezza ti permetterà di vivere in maniera più serena, felice e spregiudicata, invogliandoti a concentrarti maggiormente sul momento presente. Ricordati che tutto può cambiare all'improvviso, nel bene o nel male, perciò goditi questo istante e sii felice più che mai. Ti auguro, già da ora, di prendere consapevolezza di questa grande illuminazione. *Ecco perché spero che oggi ti accada qualcosa di straordinario.*

PARTE 1
La nascita dello Zen

Nel VI secolo a.c., accadde in India qualcosa di veramente sensazionale. Il Buddha Shakyamuni fu il primo essere umano in assoluto a sperimentare sulla sua stessa pelle l'illuminazione (*Dhyana* in lingua sanscrita), un'esperienza improvvisa derivante dall'intuizione che trascende la normale logica e che consente il raggiungimento di un inedito stato interiore, i cui pilastri principali rispondono al nome di pace, armonia, equilibrio e consapevolezza. Gli indiani custodirono gelosamente la conoscenza di questa nuova realtà, tramandandone i segreti da maestro a discepolo per svariati millenni. La svolta arrivò nel V secolo d.C., quando un monaco di nome Bodhidharma interruppe la tradizione conservatrice indiana per portare questa nuova realtà anche nel limitrofo stato cinese. Fu allora che il termine *Dhyana*, tipico dello stato indiano, venne ribattezzato *Ch'an* dal popolo cinese. All'epoca, sia la versione indiana che quella cinese prevedevano la totale astrazione dal mondo circostante. Senza di essa, infatti, si credeva fosse impossibile stabilire la piena connessione con la propria interiorità. La meditazione e l'isolamento costituivano le sole e uniche chiavi per conseguire l'illuminazione e, pertanto, solamente pochi individui si cimentarono nella nuova e a sé stante realtà. Ma lo Zen vero e proprio, così come lo conosciamo oggi, nacque solo nel XIII secolo d.C., quando il monaco giapponese Dogen, dopo aver soggiornato per un lungo periodo in Cina, decise di far conoscere i segreti del Ch'an anche alla società nipponica. E fu proprio in Giappone che la filosofia Zen assunse una connotazione del tutto inedita rispetto alle versioni precedenti. Qui, infatti, l'obiettivo primario divenne quello di porre tale saggezza intuitiva al servizio della società. In particolare, lo Zen giapponese divenne in breve tempo un importante mezzo di insegnamento accessibile a tutti i cittadini, il cui tema principale era rappresentato sostanzialmente dal totale rilassamento del corpo e della mente. Questa tecnica, infatti, era ritenuta il perfetto anello di congiunzione tra l'inconsapevolezza e la presa di coscienza, l'unico vero ponte la cui tratta avrebbe condotto alla riscoperta della propria natura intrinseca. Grazie a questa sua inconsueta rielaborazione, lo Zen ottenne un grande successo e riuscì a penetrare nella profondità della cultura giapponese, diffondendosi rapidamente tra i suoi abitanti. Per quanto riguarda l'Europa, invece, la filosofia Zen ne varcherà gli scettici confini solamente a partire dal XX secolo d.C.

PARTE 2
Cos'è, in sostanza, lo Zen?

Partiamo innanzitutto col dire cosa NON è lo Zen. Tale disciplina, infatti, non è sicuramente un semplice viaggio mentale privo di alcun significato reale. Al contrario, la disciplina Zen può essere definita come un graduale processo di sviluppo fisico, mentale e spirituale. Una particolare tecnica di introspezione elaborata affinché risulti possibile, per ogni singolo individuo, scoprire la corretta combinazione di quella sua cassaforte segreta chiamata consapevolezza. La pratica costante di questa millenaria filosofia indurrà felicemente la persona ad attingere a tutte quelle risorse assopite che non credeva neppure di poter risvegliare, come ad esempio la serenità, la compassione, la gratitudine, l'altruismo e la gentilezza, rendendo tali virtù i capisaldi del suo credo. La disciplina Zen ci insegna ad aprire gli occhi, ci ricorda costantemente di non guardare sempre altrove, perché il bello non si trova necessariamente lontano da noi. Per l'appunto, uno dei suoi principi più importanti è quello di vivere la vita nel momento presente, **qui e ora**. Tale pratica, insomma, la si deve sperimentare lungo il tragitto della vita e non una volta giunti alla destinazione finale. La filosofia Zen, in definitiva, paragona la vita a un viaggio, il cui premio consiste semplicemente nell'opportunità di poterla vivere e sperimentare in prima persona, avvalendosi non solo dei propri organi di senso ma, anche e soprattutto, delle proprie intuizioni.

PARTE 3
Come posso praticare lo Zen nella vita di tutti i giorni?

La meditazione Zazen è, senza alcun dubbio, la pratica più conosciuta. Si tratta della classica seduta a gambe incrociate, la posizione che, per intenderci, viene insegnata in qualsiasi scuola di meditazione.

Il punto focale dello Zazen è l'armonizzazione della mente, del corpo e dello spirito. Per arrivare a ciò, ovvero ad abbandonare i pensieri nocivi, le paure, lo stress, l'ansia e la negatività in generale, è strettamente necessario controllare la respirazione. Concentrandoci attentamente sull'aria che inspiriamo ed espiriamo, infatti, è possibile promuovere uno stato di benessere generalizzato.

I BENEFICI SUL CORPO: dal punto di vista fisico, la pratica meditativa funge da antinfiammatorio naturale, abbassando la pressione arteriosa e favorendo il rilascio nel sangue dell'acido nitrico. Tali meccanismi fisici possono diminuire le probabilità di contrarre, in futuro, eventuali patologie cardiovascolari.

I BENEFICI SULLA PSICHE: dal punto di vista mentale, invece, i benefici riguardano soprattutto la capacità di concentrazione e la creatività. Oltre a ciò, la meditazione Zazen può anche aiutarci a elevare la qualità delle nostre relazioni sociali, stimolando l'empatia e riducendo la frustrante sensazione di solitudine.

PARTE 4
In conclusione, per quale motivo dovrei avvicinarmi alla filosofia Zen?

Sostanzialmente, per svariati motivi. Innanzitutto, per predisporre la mente all'apprendimento e liberarla dai pregiudizi e dai preconcetti annidatisi inconsapevolmente al suo interno sin dalla tenera età. Secondo il maestro Shunryu Suzuki, nella mente principiante vi sono infinite possibilità, mentre nella mente esperta ce ne sono veramente poche. Questo perché la mente principiante, ossia quella priva di superbia, è disposta a mettere in discussione anche quello in cui ha sempre creduto, è naturalmente predisposta a imparare e a evolversi, al contrario della mente chiusa, fortemente convinta delle proprie idee. Un altro prezioso insegnamento che si può trarre da questa filosofia riguarda la gestione efficiente del proprio tempo. La mentalità Zen, difatti, ci insegna a rallentare i ritmi frenetici della nostra vita per riflettere lucidamente su ciò che stiamo facendo. Infatti, in un'epoca piena d'affanno e confusione, crescono esponenzialmente le probabilità di provare ansia e depressione. Questo è un tassello fondamentale del puzzle, dato che spesso la gente non riesce a trovare il tempo necessario per agire in totale accordo con le proprie intenzioni. Lo Zen ci permette, invece, di fare ordine mentale, di riportare l'attenzione su ciò che realmente conta e di fare tesoro delle esperienze maturate. Sposando questa mentalità, aumenteranno vertiginosamente le probabilità di soddisfare gli istinti naturali insiti in noi sin dalla nascita.

PARTE 5
Profonde frasi di saggezza

Benvenuto

Il maestro apre la porta
ma sei tu che devi entrare

ॐ

Non farti travolgere dalla confusione, torna al tuo equilibrio

ॐ

Quando i pensieri diventano pesanti,
impara a lasciarli andare

ॐ

Se ti allontani da chi sei veramente, sarai sempre infelice

ॐ

Il segreto della serenità? Imparare ogni giorno a vivere i momenti

ॐ

Essere in pace con quello che già si
ha apre le porte della serenità

Accetta il corso degli eventi e
osserva ciò che accade

ॐ

Una mente tranquilla è tutto ciò di cui hai bisogno

ॐ

Ricorda che pensare costantemente
a tutti i problemi che hai non
ti aiuta a risolverli

ॐ

Ogni posto è meraviglioso quando si è in pace con sé stessi

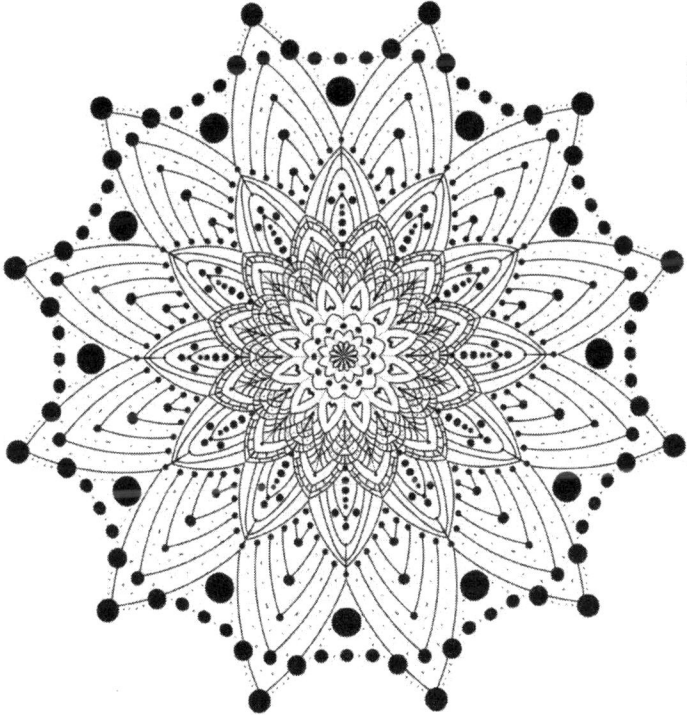

Medita Qui e Ora

Consapevolezza

Maestro, come posso raggiungere il suo autocontrollo? La vita mi mette a dura prova ogni giorno. Mi sforzo, cerco di essere una persona diversa, ma i problemi sono troppi e, presto o tardi, torno a commettere i soliti errori.

   Mio caro, il maestro apre la porta, ma sei tu che devi entrare.

Ok, e io desidero farlo, dico davvero. Ma qual è il primo passo da compiere?

   Non esiste un ordine sequenziale da seguire. La vita non è uno schema, è caos. Non è una formula matematica, è un componimento poetico. Tu pensi troppo, credendo di cercare soluzioni, ma la verità è che ti crei soltanto problemi. Pensi troppo e vivi troppo poco, è questo il punto.

Ma come faccio a risolvere i problemi se non penso?

   Non ti ho mica detto di fare questo. Però, ricorda che pensare costantemente a tutti i problemi che hai non ti aiuta a risolverli. Quando i pensieri diventano pesanti, impara a lasciarli andare. Sgombera la tua mente dal veleno che la opprime, curala con l'antidoto della consapevolezza e vedrai che la tua vita si semplificherà nettamente.

Sta dicendo che i pensieri negativi avvelenano la mia mente?

   Proprio così e, talvolta, anche il tuo corpo. Il pessimismo genera malessere e il malessere genera pesantezza. Quan-

do la tua mente perde la leggerezza di cui gode in origine, dentro di te si genera confusione. Ecco, non farti travolgere dalla confusione, torna al tuo equilibrio. Solo così raggiungerai la stabilità che cerchi. Ma non quella esteriore, bensì quella interiore. E la stabilità conduce sempre alla serenità. Ecco perché una mente tranquilla è tutto ciò di cui hai bisogno.

Forse è il ritmo frenetico della mia vita che mi rende stanco, privo di lucidità e incapace di affrontare i problemi nel giusto modo. Credo che soltanto scappando altrove troverei una via d'uscita a tutto questo.

🧘 *Fuggire non è mai la soluzione. Non devi allontanarti dal posto in cui sei per ritrovare te stesso, ma dalle cattive abitudini. Presta molta attenzione a quelle perché potrebbero seriamente farti dimenticare la tua vera natura. Se ti allontani da chi sei veramente, sarai sempre infelice. Ricordati che ogni posto è meraviglioso quando si è in pace con sé stessi. Non ti manca proprio nulla, non devi aggiungere nient'altro alla tua vita, ma soltanto togliere. Elimina dalla tua vita le abitudini tossiche e la soluzione che tanto stai cercando si paleserà naturalmente, senza che ti debba sforzare. Essere in pace con quello che già si ha apre le porte della serenità. Mi raccomando, tienilo bene a mente.*

Insomma, dovrei iniziare a lamentarmi meno ed essere maggiormente grato per ciò che già possiedo. Dico bene? È questo il segreto della serenità?

🧘 *Il segreto della serenità? Mi fa sorridere questo tuo voler rapportare sempre tutto a una formula segreta, abitudine tipicamente occidentale. In realtà è tutto molto più semplice di quanto possa sembrare. La felicità è un concetto piuttosto lineare, siamo noi a complicarlo. Imparare ogni giorno a vivere i momenti rappresenta quello che tu definisci "il segreto". Quando ti immergi nel presente e smetti di pensare continuamente ai traumi passati, riesci finalmente a trovare la tua strada. Se poi smetti di assillare la tua mente con inutili paranoie relative a un futuro incerto, allora riesci anche a scorgere una luce in fondo a quella strada. Pensa di meno e vivi di più. Accetta il corso degli eventi e osserva ciò che accade senza farti travolgere eccessivamente dalle emozioni. La meraviglia non sta nella destinazione finale, ma nella possibilità di percorrere serenamente il tuo tragitto.*

Grazie Maestro.

ॐ

Sii paziente e non giudicare
prematuramente ogni evento,
a volte è il tempo a darci
le giuste risposte

ॐ

Tutto accade per un motivo, anche
quando non ne capiamo il perché

ॐ

Con chiunque avviene uno scambio di energia. Scegli bene chi ti circonda. Abbi cura di te

ॐ

Fai meno per fare meglio

ॐ

Dedica il tuo tempo a ciò che reputi importante

Ovunque tu sia è il posto in cui hai
bisogno di essere in questo momento

ॐ

Le esperienze più dolorose, spesso, ti insegnano le più grandi lezioni di vita

ॐ

Tutto arriva e tutto se ne va,
proprio come deve essere. C'è
sempre un motivo per tutto

ॐ

La serenità arriva quando
smetti di cercarla e inizi a
vivere il momento presente

ॐ

Ogni giorno hai due possibilità:
praticare lo stress o praticare la pace

Medita Qui e Ora
Guarigione

Maestro, la persona che amavo con tutto me stesso mi ha pugnalato alle spalle. Le ho letteralmente dato il mio cuore in mano, ma lei ha pensato bene di giocarci e di frantumarlo in mille pezzi. Un attimo fa avevo lei e mi sentivo invincibile, adesso mi sento morire dentro. Sono distrutto.

🐾 *Caro mio, tutto accade per un motivo, anche quando non ne capiamo il perché.*

E quale potrebbe essere il motivo di questa disgrazia? Che sono ingenuo. Ecco qual è. Ho perso soltanto tempo. Credevo fosse la persona giusta, quella che mi teneva a galla e mi faceva respirare. Invece, mi ha tirato giù negli abissi più profondi. Mi sembra di affogare.

🐾 *Ovunque tu sia è il posto in cui hai bisogno di essere in questo momento. Se ti ritrovi negli abissi, allora molto probabilmente toccherai a breve il fondo. Ma solo così riuscirai a darti la spinta verso l'alto. Tornerai a scorgere la luce del sole, stanne certo. Le esperienze più dolorose, spesso, ti insegnano le più grandi lezioni di vita. Sii paziente e non giudicare prematuramente ogni evento, a volte è il tempo a darci le giuste risposte. Quella che oggi reputi una disgrazia, potrebbe rivelarsi la tua salvezza un domani.*

Ma quanto tempo mi ci vorrà prima di guarire da questo dolore? Le ferite sono profonde e non so nemmeno se avrò la forza di resistere.

🪷 *Tutto arriva e tutto se ne va, proprio come deve essere. Ora stai sanguinando, perché la ferita ti è appena stata inferta. Ma arriverà il momento in cui questa si cicatrizzerà. E allora non avvertirai più questo dolore lancinante. Ogni volta che la guarderai ti verrà in mente il tuo passato, ma ciò non significa che soffrirai quanto ora. Guarirai, credimi, supererai anche questa. C'è sempre un motivo per tutto. Il tuo dolore di oggi sarà il motivo per il quale sorriderai domani.*

Quindi mi sta dicendo che il tempo guarisce tutto? Forse è vero, ho già sentito questa frase più di una volta. Chissà se funzionerà anche con me però. Lo spero tanto. Nel frattempo, attendo con ansia l'arrivo del mio momento di serenità.

🪷 *La serenità arriva quando smetti di cercarla e inizi a vivere il momento presente. Ogni giorno hai due possibilità: praticare lo stress o praticare la pace. Una persona consapevole sceglierà sempre la seconda opzione. Adesso ti do un consiglio che avrei tanto desiderato ricevere io stesso anni fa: dedica il tuo tempo a ciò che reputi importante, perché è proprio questa la strada da percorrere se vuoi uscire dal baratro della depressione. Fai quello che ti piace fare quando ti senti di farlo e, soprattutto, fallo in compagnia delle persone che ami. Ricordati che con chiunque avviene uno scambio di energia. E allora, scegli bene chi ti cir-*

conda. Abbi cura di te: fai meno per fare meglio e vivi lontano dalle cattiverie per vivere più serenamente.

Grazie Maestro.

ॐ

Non remare mai contro la tua serenità

I brutti momenti non durano
per sempre, la serenità ritorna

ॐ

Quando le vibrazioni che emani
e ricevi sono buone, la mente
e il corpo si purificano

Non esistono scelte sbagliate.
Esistono lezioni di vita che
hai bisogno di imparare.

ॐ

Non dare niente per scontato,
sii sempre grato

ॐ

Pensare troppo uccide la
serenità. Non farlo

Quando non riesci a decidere, non
fare nulla. Sarà nel silenzio e nella
pace che troverai le risposte

ॐ

Tutte le persone che passano nella nostra vita, ci insegnano qualcosa.
Ringrazia e ricomincia

Elimina il superfluo.
Fai spazio all'amore e
arriveranno solo cose belle

ॐ

Lascia scorrere tutto senza attaccarti a nulla

Medita Qui e Ora
Essenziale

Maestro, sono sempre nervoso, stressato e arrabbiato con il mondo. Sento un grosso disordine dentro di me e non so mai da dove iniziare per fare un po' di ordine mentale. Ho bisogno di chiarezza, ma ogni giorno che passa mi sento sempre più confuso. Vorrei tanto essere più lucido e gestire meglio le situazioni che vivo.

🛕 *Perfetto, allora elimina il superfluo.*

Mi perdoni, ma non la seguo. Cosa intende dire con eliminare il superfluo?

🛕 *Significa che faresti meglio ad eliminare le distrazioni e a incanalare le tue energie verso ciò che conta davvero. Non intendo solo le energie fisiche ma anche e soprattutto quelle mentali e spirituali. Riordina le tue priorità, fai spazio all'amore e vedrai che arriveranno presto solo cose belle .*

Dovrei scegliere quali sono le mie più importanti ragioni di vita e occuparmi solo di quelle? Il punto è che non so nemmeno io quali siano. Sento solo un gran caos dentro la mia testa.

🛕 *Quando non riesci a decidere, non fare nulla. Sarà nel silenzio e nella pace che troverai le risposte che cerchi. Scervellarti in un contesto caotico servirà solo a farti impazzire, ma tu non hai bisogno certo di questo.*
Pensare troppo uccide la serenità, perciò ti consiglio di non farlo. In questo momento le tue vibrazioni non sono sane, per questo la mente è intorpidita. Ma quando le vibra-

zioni che emani e ricevi saranno buone, la mente e il corpo si purificheranno. Quindi, trova il tuo angolo di pace, abbassa il volume del mondo e vedrai che tutto ti sarà presto più chiaro.

Posso pure rifugiarmi nel mio angolo di pace, staccare dal caos e ricaricare le batterie. Ma l'indomani si ripeterà la medesima scena. È un circolo vizioso. Non sopporto le persone che ho vicino, mi fanno venire i nervi a fior di pelle. Mi caricano di odio e rabbia, mi privano della serenità e alimentano la mia condizione di stanchezza psicologica. Ora che ci penso non servono veramente a nulla, se non a rendermi la peggior versione di me.

Tutte le persone che passano nella nostra vita ci insegnano qualcosa, anche quelle più improbabili. Non dare niente per scontato e non giungere a conclusioni affrettate. Sii sempre grato per ciò che hai, anche per la vicinanza di tutte quelle persone che reputi insopportabili. Ogni giorno, mettendoti alla prova, ti offrono, infatti, la grande occasione di osservare i tuoi comportamenti e di capirne gli errori. Questo è il miglior modo che hai per avvicinarti alla saggezza. Tutti noi commettiamo degli sbagli e scegliamo di comportarci in un determinato modo a seconda delle circostanze che si creano. Ma non esistono scelte sbagliate. Esistono lezioni di vita che hai bisogno di imparare.

Sarà difficile controllare la mia impulsività e farmi andare bene determinate persone, però voglio comunque provarci seriamente. D'altronde, non ho altra scelta.

🙏 *Lascia scorrere tutto senza attaccarti a nulla e ricorda che hai sempre due scelte davanti a te: diffondere l'odio o infondere l'amore. Scegliendo la prima opzione ti avvelenerai, mentre optando per la seconda guarirai da ogni male. Quando ti ho detto di eliminare il superfluo, in sostanza, mi riferivo proprio a questo. Se non vuoi remare mai contro la tua serenità, devi necessariamente eliminare le emozioni tossiche dalla tua mente e riempirla con quelle salutari. Per immergerti nel flusso della positività e del benessere, cerca di adottare questa semplice abitudine: ringrazia e ricomincia, indipendentemente da ciò che ti può essere successo nell'arco dell'intera giornata. Perché qualsiasi cosa sia accaduta, i brutti momenti non durano per sempre. La serenità ritorna, proprio come l'alba al termine di una cupa notte invernale.*

Grazie Maestro.

ॐ

La calma e la pazienza sono i
migliori rimedi per ogni problema

ॐ

Quando qualcosa non va, accetta tutto com'è. Prenderai decisioni più sagge in momenti di quiete

I problemi si affrontano quando si presentano e poi si lasciano andare

La vita ti presenterà sempre
gli stessi ostacoli finché
non imparerai la lezione

Lascia andare con consapevolezza
e pensa meno. La mente
ha bisogno di leggerezza

Rimuovi quello che non è necessario e semplifica le cose

ॐ

Ringrazia la vita per ciò che hai,
anche quando le cose non vanno
bene. Non dimenticarlo

Nessuno può farti felice se prima
non sei in pace con te stesso

ॐ

Ogni tanto rallenta e goditi
le piccole cose di ogni giorno

ॐ

Il tuo più grande maestro
è già dentro di te

Medita Qui e Ora
Autocontrollo

Ma come si è permesso quell'individuo di trattarmi con tale arroganza e superbia? Ma chi si crede di essere? Di brutte persone ne ho conosciute tante, ma quello lì le batte tutte. Sul momento non mi venivano in mente le parole per controbattere, ma se tornassi indietro quanto lo insulterei. Saprei benissimo dove colpirlo per fargli male. Lei cosa ne pensa di questa gente, Maestro?

🧘 *Penso che tu ti debba tranquillizzare un attimo, innanzitutto. La calma e la pazienza sono i migliori rimedi per ogni problema, ricordatelo sempre. Rimani calmo e mantieni la lucidità. La vita ti presenterà sempre gli stessi ostacoli finché non imparerai la lezione. Se continui a dare la possibilità agli altri di farti del male, il tuo benessere dipenderà sempre e comunque dall'umore e dalla volontà di qualcun altro. Se tu mi regalassi un souvenir e io decidessi di non accettarlo, di chi sarebbe quel regalo?*

Beh, suppongo mio.

🧘 *Esattamente. Per questo è importante non accettare le parole e le cattiverie che le persone frustrate ti scaraventano addosso. Se non avessi accettato e fatto tue quelle parole, si sarebbero spente sulla bocca di quell'individuo. Invece, adesso ti bruciano dentro. Lascia andare con consapevolezza e pensa meno. La mente ha bisogno di leggerezza. La rabbia è un macigno enorme, superfluo, ma nonostante ciò perseveri nel portartela appresso. Devi lasciarla scivolare via. La prossima volta che ti ritroverai in una situazione di difficoltà, rimuovi quello che non è necessario e semplifica le cose.*

Va bene. Ma c'è comunque troppa cattiveria nel mondo, troppa superbia, egocentrismo e irriconoscenza. La maggior parte delle persone è così, e ci credo che l'essere umano è sempre incline all'infelicità: ha l'esigenza naturale di socializzare, ma poi si scontra con la dura realtà, ovvero con delle persone insolenti, manipolatrici e arroganti.

🔥 *Rallenta un attimo e ascoltami: nessuno può farti felice se prima non sei in pace con te stesso. Le persone circostanti ti possono donare la felicità effimera, ovvero delle ventate di positività destinate a cambiare a seconda della direzione in cui tira il vento. Ma questo è volubile e cambia continuamente l'intensità e la direzione del suo soffio. La vera pace, quella intoccabile e incondizionata, non la raggiungerai guardando sempre e solo al di fuori di te. Devi iniziare a guardarti dentro. Non hai bisogno dei consigli di un uomo che reputi saggio per trovarla, perché il tuo più grande maestro è già dentro di te. Devi solo rivolgergli le giuste attenzioni e ascoltarlo.*

E come faccio a trovarlo?

🔥 *Ricavandoti del tempo. Se continui a correre con l'affanno da un impegno all'altro, non puoi certo aspettarti di riuscire a individuare qualcosa di ben nascosto. Ogni tanto ral-*

lenta e goditi le piccole cose di ogni giorno. Quando qualcosa non va, rilassati e accetta tutto com'è. Ti assicuro che prenderai decisioni più sagge in momenti di quiete, perché è proprio in quegli istanti che riesci a udire la vocina del tuo saggio maestro interiore. La soluzione a un problema c'è sempre, ma per trovarla occorre non farsi prendere dall'irragionevolezza e dall'impazienza.

Mediterò su tutto ciò che mi ha gentilmente suggerito. Adesso credo che andrò a casa dalle mie due bimbe, che di sicuro mi staranno aspettando impazienti. Spero che almeno loro riescano a distrarmi e a farmi sbollire da questa dannata arrabbiatura.

🔅 *I problemi si affrontano quando si presentano e poi si lasciano andare. Hai avuto un alterco, l'hai affrontato a modo tuo ma adesso è ora di lasciartelo alle spalle. Vai avanti e passa oltre. Ah, prima che mi dimentichi: ringrazia sempre la vita per ciò che hai. Una meravigliosa famiglia ti sta aspettando a casa impaziente e questo è un privilegio incomparabile e straordinario di cui non tutti possono godere. Sii grato anche quando le cose non vanno bene, non dimenticarlo mai.*

Grazie Maestro.

ॐ

Non serve a nulla forzare
una situazione. Ciò che
deve arrivare, arriverà

Diventa saggio colui che riesce
a non farsi condizionare da
provocazioni e cattiverie

ॐ

Non puoi sempre programmare tutto.
Rilassati

ॐ

I periodi difficili creano persone forti e consapevoli

ॐ

Cammina godendoti ogni passo,
indipendentemente da quello
che succede intorno

Decidi di vivere nella gratitudine.
È questo il segreto per la serenità

ॐ

Alla fine della giornata ciò che conta
è che tu sia in pace con te stesso e che
le tue intenzioni siano state buone

ॐ

Ogni minuto passato a concentrarti
sulle cose negative ti allontana dalla
pace e dalla serenità che meriti

ॐ

Prendi consapevolezza che certe cose non saranno mai più come prima. Accetta e vai avanti

ॐ

Non prendere mai decisioni permanenti quando ti senti infelice

Medita Qui e Ora
<u>Gratitudine</u>

Maestro, ho perso il mio lavoro. Questo mi sconvolge, non riesco a smettere di pensarci. Ho paura che non mi resti più nulla. Non riesco a sopportare un simile dolore. Mi sento talmente soffocare da questa situazione che penso di non riuscire ad uscirne. Tutto ciò mi fa stare male, sono sempre nervoso e questo mi fa compiere azioni sbagliate. Forse devo rassegnarmi a questa triste realtà. Ho paura di non poter andare avanti così, ho paura di non riuscire a rialzarmi questa volta.

🧘 *Non devi prendere mai decisioni permanenti quando ti senti infelice. Non pensare neanche lontanamente quello che mi hai appena detto. I periodi più difficili creano persone forti e consapevoli. Probabilmente non potrai fare tutte le cose che avevi preventivato, ma sicuramente apprezzerai molto più di prima le singole esperienze che ti capiteranno nel corso della vita. Ascoltami bene: ogni minuto passato a concentrarti sulle cose negative ti allontana dalla pace e dalla serenità che meriti. Se continuerai a maledire la tua sfortuna sprecherai solamente la restante parte del tuo tempo. Anziché lamentarti, decidi di vivere nella gratitudine. In fin dei conti, è dagli eventi avversi che possono nascere le cose migliori. Un fiore, per poter raggiungere il massimo della sua bellezza, deve convivere per diverso tempo con un terreno sporco, di cui certo farebbe a meno. Eppure, è proprio grazie alla sua capacità di sopportare quella fastidiosa convivenza che riesce a sbocciare e a dare sfoggio della sua meraviglia. Anche la più bella e colorata delle farfalle arriva ad un simile risultato solamente dopo aver sopportato la sua versione precedente, ovvero quella di larva. Vedi, mio caro, è la natura stessa ad insegnarcelo: se riesci a resistere e a sopportare le difficoltà, ti accadranno prima o poi cose meravigliose. È questo il segreto per la serenità: sopportare dignitosamente e rimanere grati nonostante tutto.*

Terrò a mente le sue parole. È che in questo momento sono davvero giù e fatico ad accettare quanto accaduto. Per tutta la vita ho sempre fatto mille cose, sono sempre stato impegnato e mai in ritardo sulla mia tabella di marcia. Ho combattuto con forza e coraggio quando era necessario farlo e ho sempre zittito le persone cattive che non meritavano alcunché. Adesso, però, mi sento debole non solo fisicamente, ma anche e soprattutto mentalmente. Non riuscirò mai più ad affrontare la vita come facevo prima. Sarà un cambiamento tosto, veramente drastico, ma proverò comunque ad affrontarlo. Spero solo che la mia tenacia, prima o poi, venga premiata e che la mia situazione possa migliorare un domani.

🧘 *Dimenticati per un instante la tua tabella di marcia. Resetta questa tua abitudine e non opporti al flusso della vita. Scorri con i suoi eventi senza vivere di aspettative. Non serve a nulla forzare una situazione, come non puoi sempre programmare tutto quanto. Rilassati! Ciò che deve arrivare, arriverà. Magari non seguirà i tuoi modi né le tue tem-*

pistiche, ma stai certo che ti raggiungerà. Prendi solamente consapevolezza che certe cose non saranno mai più come prima. Fino ad ora hai combattuto una guerra a cui non aveva nemmeno senso partecipare. Questa situazione cambierà completamente il tuo approccio alla vita e, se manterrai un atteggiamento positivo, apprenderai delle lezioni molto importanti. Non si spegne un fuoco accendendone un altro, come non si estingue il male rispondendo con altrettanta malvagità. Il fuoco si spegne con l'acqua e la cattiveria con la saggezza. Ricordati che diventa saggio colui che riesce a non farsi condizionare da provocazioni e cattiverie. Accetta e vai avanti, declinando con gentilezza ogni invito al gioco dell'odio. Sappi che non importa quante battaglie vinci, bensì quante riesci a evitarne. Alla fine della giornata ciò che conta è che tu sia in pace con te stesso e che le tue intenzioni siano state buone. Queste, d'ora in poi, devono essere le tue uniche preoccupazioni. A partire da oggi cammina a testa alta godendoti ogni passo, indipendentemente da quello che succede intorno e dentro di te. Magari questo spiacevole episodio si rivelerà essere una gran fortuna per la tua vita.

Grazie Maestro.

🕉

Ricorda sempre che non puoi
guarire in una notte da un trauma.
Ci vogliono calma e forza

ॐ

La vita prova sempre ad aiutarti.
Raccogli i segnali giusti

Trova la forza di mettere un punto
e abbi il coraggio di ricominciare

ॐ

Sii onesto con te stesso.
Non soffrire inutilmente

ॐ

Tutto quello che ti è successo
in passato, ti ha condotto ad
essere la persona che sei ora

Smetti di sacrificare te stesso e inizia ad amarti

Non lasciare che niente e nessuno
abbassi la tua vibrazione positiva

Sii consapevole che tutto può cambiare all'improvviso

ॐ

Non caricarti di tutte le responsabilità
altrimenti non vivi più. Siamo qui
per vivere, non per sopportare

ॐ

Pensando continuamente a ciò
che hai perso ieri, ignori tutto ciò
che di bello sta succedendo oggi

Medita Qui e Ora

Rinascita

Maestro, sono stanco di tutto e di tutti. Ho sempre assecondato il volere delle altre persone e fatto le cose che ritenevano giuste. Ho sempre creduto di percorrere la strada più adatta a me ma, mai come oggi, mi accorgo di aver sbagliato qualsiasi mossa. Ogni passo sento di averlo mosso nella direzione sbagliata e, adesso, mi sento troppo vecchio per rimettermi in carreggiata. Ho sprecato gli anni migliori della mia vita. Ormai lo so: vivrò di rimpianti per il resto dei miei giorni.

Tu saresti vecchio? Cosa dovrei dire io, allora? Ascoltami bene giovanotto: pensando continuamente a ciò che hai perso ieri ignori tutto ciò che di bello ti sta succedendo oggi. Ricordati che tutto quello che ti è successo in passato ti ha condotto a essere la persona che sei ora. La frustrazione che hai maturato negli anni puoi sempre trasformarla in energia vitale e questo impellente desiderio di rivalsa rappresenta la chiave perfetta per aprire la porta della consapevolezza. Fino ad ora hai vissuto per accontentare gli altri ma, adesso, è il momento che tu sia sereno e felice. D'altronde, siamo qui per vivere, non per sopportare. Prova, ogni tanto, a non caricarti di tutte le responsabilità, perché così non vivi più. Smetti di sacrificare te stesso e inizia ad amarti, perché te lo meriti davvero. Trova la forza di mettere un punto e abbi il coraggio di ricominciare.

È vero, ho sempre acconsentito a tutto e, come premio per questa mia obbedienza, mi ritrovo oggi, a età inoltrata, a lamentarmi della mia vita e a piangermi addosso. Ho fatto un grave errore: ho permesso alle persone esterne di decidere quali fossero i miei limiti e di tracciare il mio futuro, quando nemmeno conoscevano ciò che nutrivo dentro. Non so ancora di preciso cosa voglio, purtroppo, ma ho capito con certezza cosa non voglio: continuare su questa strada! Non ho idea di quanto ci vorrà prima di trovare quella giusta per me, come non so quanto tempo impiegherò per scacciare il malessere che sento dentro. Ma non vedo l'ora di scoprirlo. Ci dormirò su, nella speranza che la notte mi porti consiglio.

🧘 *Ricorda sempre che non puoi guarire in una sola notte da un trauma. Ci vogliono calma e forza di volontà. È un processo che richiede tempo ma che, giorno dopo giorno, ti può regalare grandissime soddisfazioni. Innanzitutto, sii onesto con te stesso: da stasera chiuderai il primo tempo della tua vita. Da domani, però, avrai la possibilità di giocarti il secondo, confidando, questa volta, sul dono della consapevolezza. Usalo per non soffrire più inutilmente. D'ora in avanti, non lasciare mai più che niente e nessuno abbassi la tua vibrazione positiva.*

Non commetterò nuovamente gli stessi errori, glielo prometto. Spero solo che la vita mi dia una mano a trovare il mio posto nel mondo. Gliene sarei eternamente grato.

🧘 *La vita prova sempre ad aiutarti, non scordarlo mai. Lo fa lasciando indizi sparsi lungo il tuo cammino, nell'attesa che tu riesca a decifrarli e a orientarti verso ciò che ti è destinato sin dal principio. Raccogli i segnali giusti e vedrai che troverai la strada che ti spetta. Ah, quasi dimenticavo, cerca di non farti prendere troppo dall'ansia. Anche se ora ti senti smarrito e lontano dalla serenità, sii consapevole che tutto può cambiare all'improvviso. Rimarrai esterrefatto quando ti renderai conto della rapidità con cui un breve domani può guarire le ferite di un interminabile ieri.*

Grazie Maestro.

Questo giorno non
ritornerà. Hai solo questo
momento per viverlo

ॐ

Quando tutto ti sembra
negativo, pensa che è solo
un momento. Passerà

ॐ

Non cercare di avere sempre
il controllo delle situazioni.
Impara a lasciare andare

ॐ

Lascia fluire gli eventi,
non andare contro. La
resistenza genera sofferenza

ॐ

Smetti di immaginare
cose che non sono
ancora accadute.
Torna al presente

ॐ

Preoccuparsi sempre
non cambia le cose.
Ruba solo la serenità

ॐ

Non rinunciare mai ai
momenti che dedichi
alla cura di te stesso

Trova l'equilibrio
e troverai la pace

ॐ

Tutto scorre. Lasciati
attraversare dalle emozioni.
Non trattenerle

ॐ

Siamo noi stessi a rendere
la vita complicata.
Impara a vivere serenamente

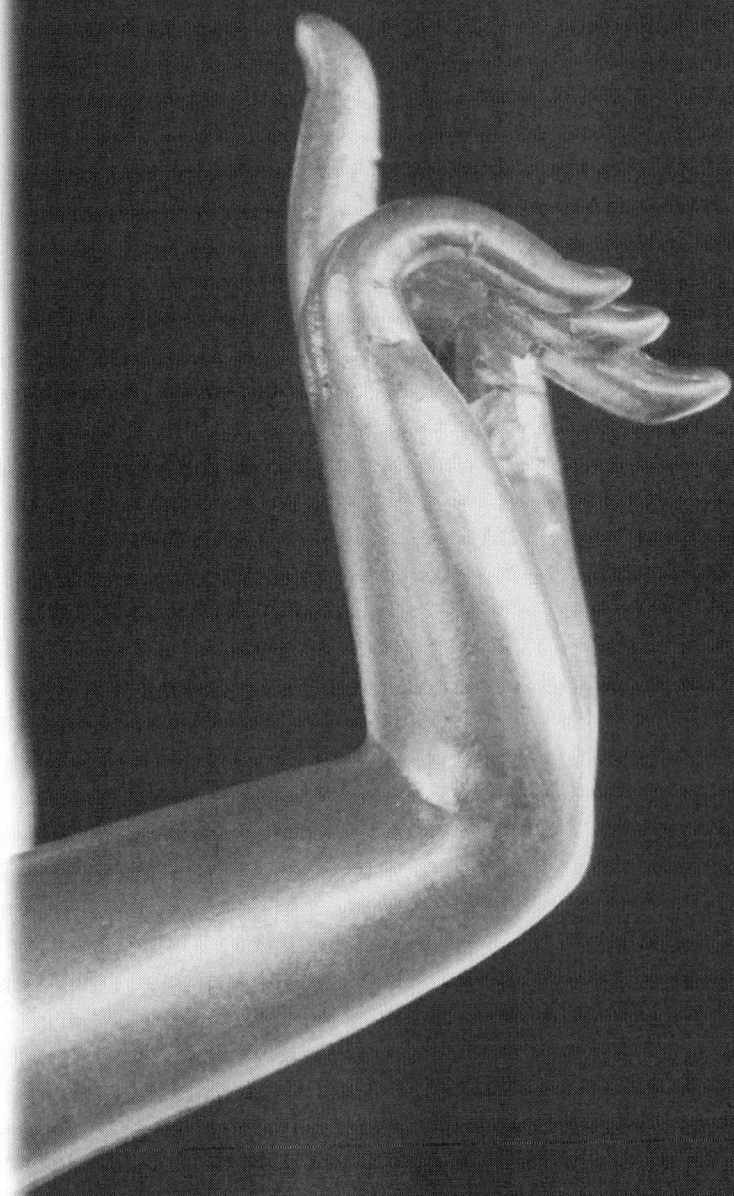

Medita Qui e Ora

Lasciare andare

Maestro, lei come combatte la paura del futuro? Mi sforzo di essere ottimista, ma è una guerra persa in partenza. Vedo problemi dappertutto. Ogni volta che penso di aver trovato un appiglio affidabile, ecco che arriva puntualmente qualcosa che mi travolge e mi fa perdere la presa. Ho bisogno di una base solida su cui appoggiarmi, ma la verità è che, alle volte, è come se mi mancasse la terra sotto i piedi.

🧘 *Mio caro, personalmente ho smesso molto tempo fa di combattere. E vuoi sapere una cosa? Da quando ho sotterrato l'ascia di guerra dentro di me qualcosa è cambiato. Ascoltami bene: molte guerre non esistono nella realtà ma si svolgono solamente dentro la tua testa. Siamo noi stessi a rendere la vita complicata. Smetti di immaginare cose che non sono ancora accadute e torna al presente. Preoccuparsi sempre non cambia le cose, ruba solo la serenità. Perciò, lascia sempre fluire gli eventi. Ricordati che tutto scorre. L'esistenza stessa è un moto perpetuo che genera cambiamenti continui nel mondo esteriore, così come nel tuo personale mondo interiore. Non vedrai mai una situazione rimanere tale e quale in eterno e, allo stesso modo, ti sarà impossibile vivere vestendo sempre lo stesso stato d'animo. Accetta questa realtà, adeguati alle circostanze esterne e, cosa ancor più importante, lasciati attraversare dalle emozioni, qualsiasi esse siano. Non trattenerle mai, soprattutto quelle negative, perché ogni resistenza che poni andrà a rafforzare pesantemente il loro potere distruttivo. Per que-*

sto motivo ti consiglio di non andare mai più contro la corrente universale e di iniziare a seguire serenamente il flusso naturale della vita. Ciascun radicamento, oltre alla sofferenza che comporta, prevede la perdita di un'opportunità e, anche in questo istante, stai perdendo una grande occasione. Questo giorno, qualora non lo sapessi, non ritornerà, perciò hai a tua disposizione solo questo momento per viverlo. Non sprecare una preziosa pagina della tua vita senza preoccuparti di scriverci sopra la tua esperienza.

Ha ragione, ma sa, ci sono giorni in cui non mi sento in pace con me stesso e non ne capisco il motivo. Oggi è uno di quelli e, in simili momenti, non sono in grado di produrre nulla di costruttivo. Purtroppo, non comando io l'umore, semplicemente prende piede dentro di me e influenza le mie giornate.

🧘 *È la tua resistenza che genera la sofferenza. Vivi di aspettative, pretendi che le tue volontà vengano quotidianamente rispettate ma, ovviamente, le cose non vanno mai come vorresti. Se non cambierai mentalità, vivrai il resto dei tuoi giorni da vittima, senza conoscere mai la vera serenità. Non cercare di avere sempre il controllo delle situazioni e impara a lasciare andare le tue aspettative sul futuro. Ricordati che non sei tu a decidere la strada. Quella ti è destinata e, pertanto, non potrai mai cambiarla. Tuttavia, sei tu e solo tu la persona che determina la bellezza di questo viaggio. Puoi scegliere, infatti, di fermarti al primo ostaco-*

lo, perdendo così l'opportunità di percorrerlo interamente e di vedere tutto ciò che poteva riservarti. Oppure, puoi stringere i denti e tirare dritto, con la grande possibilità di vedere nuovi orizzonti e di meravigliarti ad ogni nuovo passo. Puoi scegliere di indossare una maschera e reprimere le tue emozioni, in modo tale da non esporti troppo, oppure puoi scegliere di indossare il tuo più bel sorriso e aprire il tuo cuore, con il rischio di provare più dolore ma con la certezza di vivere davvero. Come vedi, hai sempre la possibilità di firmare la tua esistenza e di metterci l'ultima parola.

Però è difficile, Maestro. È dannatamente difficile lasciare andare completamente le proprie resistenze e seguire con ottimismo il flusso della vita.

Lo so che non è semplice, ma devi imparare a vivere più serenamente e ad avere più fiducia in ciò che sarà. Perché se asseconderai il soffio dell'Universo, spiegherai le vele e prenderai il largo. Anche quando tutto ti sembra negativo, rimani fiducioso e pensa che è solo un momento transitorio. Passerà qualsiasi tempesta e tornerà il sereno. Fidati dell'esperienza di questo vecchio.

Va bene, Maestro. Lavorerò di più su me stesso. D'altronde, ho sempre sottovalutato questo aspetto. Ho sempre dato la priorità ai problemi esterni e tralasciato malamente quelli interiori.

Non potevi fare niente di più sbagliato. Non devi rinunciare mai ai momenti che dedichi alla cura di te stesso. Trova l'equilibrio interiore e troverai la pace che ancora ti manca. Spero davvero che tu possa trovare la serenità che cerchi. Se sei arrivato fin qui, te la meriti.

Grazie Maestro.

ॐ

Ascoltare il tuo intuito è la
cosa migliore che tu possa fare

ॐ

Non vivere di aspettative
o resterai sempre deluso

ॐ

Per essere felice non hai
bisogno di tante cose.
Felicità è non aver
bisogno di niente

ॐ

Non reagire con aggressività.
Impara a rispondere serenamente

ॐ

Ciò che la gente pensa
non ti deve condizionare

ॐ

Ringrazia sempre, anche se non
è andata come avresti voluto

Trova la tua serenità senza dipendere da nessuno

ॐ

Accettati, non andare contro te stesso.
Questo è parte della tua guarigione

ॐ

Fai quello che puoi con
quello che hai adesso

ॐ

Non sei distaccato da
tutto, tu sei parte del Tutto.
Non sentirti mai solo

Medita Qui e Ora
Accettazione

Maestro, esiste un antidoto efficace capace di curare l'odio verso se stessi? Detesto tutto della persona che vedo riflessa ogni giorno allo specchio. Sono arrivato al punto di non incrociare più nemmeno il suo sguardo. Odio il mio carattere, pieno di paure e insicurezze, così come odio il mio aspetto fisico. Vedo ovunque e continuamente gente migliore di me, in tutto e per tutto. Mi sento un corpo estraneo che vaga senza una meta all'interno di una società che nemmeno sente sua. Sono sfortunato e rosico per il fatto di non essere nato con spiccate qualità fisiche, mentali o sociali. Mi guardo attorno e vedo solo persone di bell'aspetto, felici, sicure di sé e piene zeppe di opportunità che aspettano solo di essere colte. Invidio persino la soddisfazione che trapela dalle loro voci quando le sento parlare. Questa storia del Karma è solo una diceria. La vita è tutto fuorché meritocratica e io, nonostante continui a fare sforzi, non otterrò mai neanche lontanamente ciò che la maggior parte delle persone riesce a ottenere agevolmente.

🕭 *Non ti sopporti semplicemente perché ti metti costantemente a paragone con gli altri. Ma ciò che la gente dice, pensa o fa non ti deve minimamente condizionare. Cerca di trovare la tua serenità senza dipendere da nessuno. Tu sei tu, un corpo, una mente e uno spirito unici che meritano di essere preservati dalle continue e soffocanti pressioni della società. Quando cambierai il tuo modo di vedere le cose, cambierà anche la considerazione che hai di te stesso. Non sei sfortunato quanto pensi, sei semplicemente tentato da tutto ciò che non ti appartiene. Ma sappi che hai tutto ciò che ti serve per essere sereno. Ricordati che, per essere felice, non hai bisogno di tante cose. La felicità è rendersi conto di non aver bisogno di niente in particolare e, questa straordinaria sensazione, la proverai una volta risvegliato, ovvero quando aprirai gli occhi dormienti e capirai che tutto l'essenziale vive già dentro di te sin dal primo momento in cui hai messo piede su questo pianeta. La meraviglia della vita puoi scorgerla già da ora, anche se ti senti incompleto. Non cadere nella trappola di attendere tempi migliori per avviare i tuoi progetti e godere appieno della tua esistenza. Non vivere sempre di aspettative o resterai sempre deluso. Fai quello che puoi con quello che hai adesso e inizia fin da subito ad avviarti nella direzione che senti tua. Sappi che sei destinato a compiere una missione ben precisa ma, per non perderla di vista, dovrai ascoltare sempre e solo il tuo intuito. Questa è la cosa migliore che tu possa fare per evitare i rimpianti e i malesseri futuri.*

La mia rovina, stando alle sue parole, sarebbe, dunque, la malsana abitudine che ho al confronto. Sbaglio? Se ho capito bene, non dovrei inseguire a tutti i costi la strada dell'omologazione e dedicare più tempo alla pace della mente.

🏮 *Esattamente. Sappi che ogni volta che tieni un occhio puntato sugli altri, succede che perdi di vista ciò che realmente conta: la tua armonia.*

Quel che sbagli è la fase d'approccio. Credi che tutto sia nero o bianco, che sia strettamente necessario conformarsi alla visione univoca e idealistica della società per non incappare nell'emarginazione sociale. Vedi il superficiale, ma non ciò che sta al di sotto di esso. Vedi il problema ma, quasi mai, la soluzione. Se avverti qualcosa di profondamente diverso scalpitare dentro di te, non esitare a farlo emergere. La soluzione non si può limitare alla superficiale repressione dei tuoi istinti, in nome di un'altrui volontà con la quale tenti ostinatamente di familiarizzare ma che, in realtà, percepisci essere totalmente estranea alla tua reale essenza. Penso che il tuo problema sia proprio questo: hai timore di mostrare le tue caratteristiche, poiché le hai sempre considerate dei punti di debolezza. In realtà, però, rappresentano semplicemente i tuoi punti di forza. Ricordati che non esiste bellezza senza alcun tipo di diversità e che, spesso e volentieri, è proprio l'essere "diverso" a rendere speciale un individuo. Perciò, se vuoi brillare, essere riconoscibile e attrarre a te persone valide e in grado di apprezzarti, non resta che mostrarti per ciò che sei realmente. Tu, a prescindere da cosa senti e da cosa pensi, non sei distaccato da tutto. Tu sei parte del Tutto. Tienilo bene a mente e non sentirti mai solo. Accettati e non andare mai contro te stesso. Questo passo è parte integrante della tua guarigione.

La ringrazio, Maestro. Le sue parole mi hanno tranquillizzato. Cercare di somigliare agli altri è una partita persa in partenza. Perché, in fondo, ha ragione lei, io non sono gli altri. Io sono la mia essenza. E, allora, proverò a personalizzare la mia esistenza e a ritagliare il mio piccolo spazio in questo mondo. A partire da oggi, le prometto che nessun pensiero o giudizio esterno mi devierà più. La ringrazio ancora, Maestro. Per tutto.

Un'ultima cosa, prima di lasciarti andare: ricordati di non reagire mai con aggressività, nemmeno davanti alle peggiori provocazioni e ai giudizi più avventati. Impara a rispondere sempre serenamente, perché solo così potrai eludere con facilità ogni accusa superficiale che ti verrà scagliata contro. Se seguirai il mio consiglio ti risparmierai molte sofferenze e inizierai a vivere in totale armonia. Ah, dimenticavo: non ringraziare me. Ringrazia l'Universo. Mostragli sempre la tua gratitudine, anche se non è andata come avresti voluto. Lui ti ascolta e non vede l'ora di donarti le gioie che ti meriti.

Namasté

PARTE 6

Qui e ora

avrai un piccolo spazio per imprimere
su carta le tue riflessioni quotidiane, in
modo da renderle durature nel tempo.
Così, quando vorrai, potrai rileggerle.

Il tuo diario Zen

Il tuo diario Zen

Il tuo diario Zen

Il tuo diario Zen

Il tuo diario Zen

Il tuo diario Zen

Il tuo diario Zen

Il tuo diario Zen

Il tuo diario Zen

Il tuo diario Zen

Il tuo diario Zen

Il tuo diario Zen

Il tuo diario Zen

Il tuo diario Zen

PARTE 7
Tutto ciò che ha un inizio ha una fine

Ecco:

Spero che oggi ti accada qualcosa di straordinario

Ti auguro pace nel cuore e
serenità nella mente,
così, ovunque sarai,
ti sentirai a casa.

Un ringraziamento particolare va
a tutti voi che, ogni giorno, mi
riempite il cuore con i vostri me-
ravigliosi messaggi di apprezza-
mento. Sono grato a tutti perché,
nel bene e nel male, fate parte del
mio cammino e della mia crescita
interiore.

Namasté

Collaboratore ai testi

Gabriele Garelli

gabriele_garelli

Referenze fotografiche

Pixabay - Pexels - Canva

Printed by Amazon Italia Logistica S.r.l.
Torrazza Piemonte (TO), Italy